典藏中国·中国古代壁画精粹

洪洞水神庙壁画

杨平　主编

浙江摄影出版社
全国百佳图书出版单位

水神庙外景

水神庙位于山西省临汾市洪洞县城东北17千米处的霍泉北岸，广胜下寺西侧，初建于唐，金元之际因战火被毁，元初重建后，因大地震再毁，元延祐六年（1319）再建，明、清两代屡有修葺。现存山门、仪门、正殿（明应王殿）三座主体建筑，元代壁画位于正殿。

壁画主要分布在正殿内外的八处墙面上，殿内部分最为精美。壁画以祈雨、行雨、酬神为主线，按顺时针方向排列，依次是南壁西次间的《玉渊亭图》《唐太宗千里行径图》，西壁的《祈雨图》《敕建兴唐寺图》《捶丸图》《对弈图》，北壁西次间的《尚宝图》、北壁东次间的《尚食图》，东壁的《行雨图》《园林梳妆图》《卖鱼图》《广胜寺上寺图》，与南壁东次间的《杂剧图》。

水神庙壁画是一堂反映元代风俗民情的佳作。画中呈现的打球、下棋、卖鱼、梳妆、戏剧演出等场景，是对元代各阶层生活的真实写照。最著名的东壁《卖鱼图》，以府邸园林为背景，有五位身着袍服的男性，围绕着一张方桌，他们系掌管水神内府的食官。其中一位正在执秤，称着三条鲤鱼。对面卖鱼老人躬身而立，老人仰面正视执秤人的眼睛，显出殷勤乞怜的神态，另有二人在旁注视监督。寥寥线条间，呈现出一幅极具现实主义质感的官民互动图。

南壁东次间的《杂剧图》，是目前国内发现的最早的戏剧壁画资料。画面展现的是剧团登台唱戏前祭祀水神的场景，上部有"尧都见爱太行散乐忠都秀在此作场"字样。画中戏剧演员中生、旦、净、丑行当全有，化装、服装、道具、乐器、幕布、布景、戏台一应俱全，既反映了元杂剧的表演情景，也显示出画师贴近生活、精细入微的绘画功力。

这堂壁画，内容丰富，生活气息浓厚，用色饱满鲜活，勾线老练粗犷。虽然部分画面人物造型稍显程式化，却有着少见的情味和趣味，平添几分世俗美术的别样美感。如以元代风俗民情壁画观之，价值珍贵，不可多得。

扫一扫
看更多

明应王殿东壁北端《卖鱼图》

明应王殿东壁明应王及其眷属

明应王殿东壁供台前孔雀

明应王殿东壁北侧眷属及持钺武士

明应王殿东壁南侧眷属

明应王殿东壁北侧眷属

明应王殿东壁南侧眷属

明应王殿东壁南侧眷属

明应王殿东壁南侧朝拜明应王诸神祇

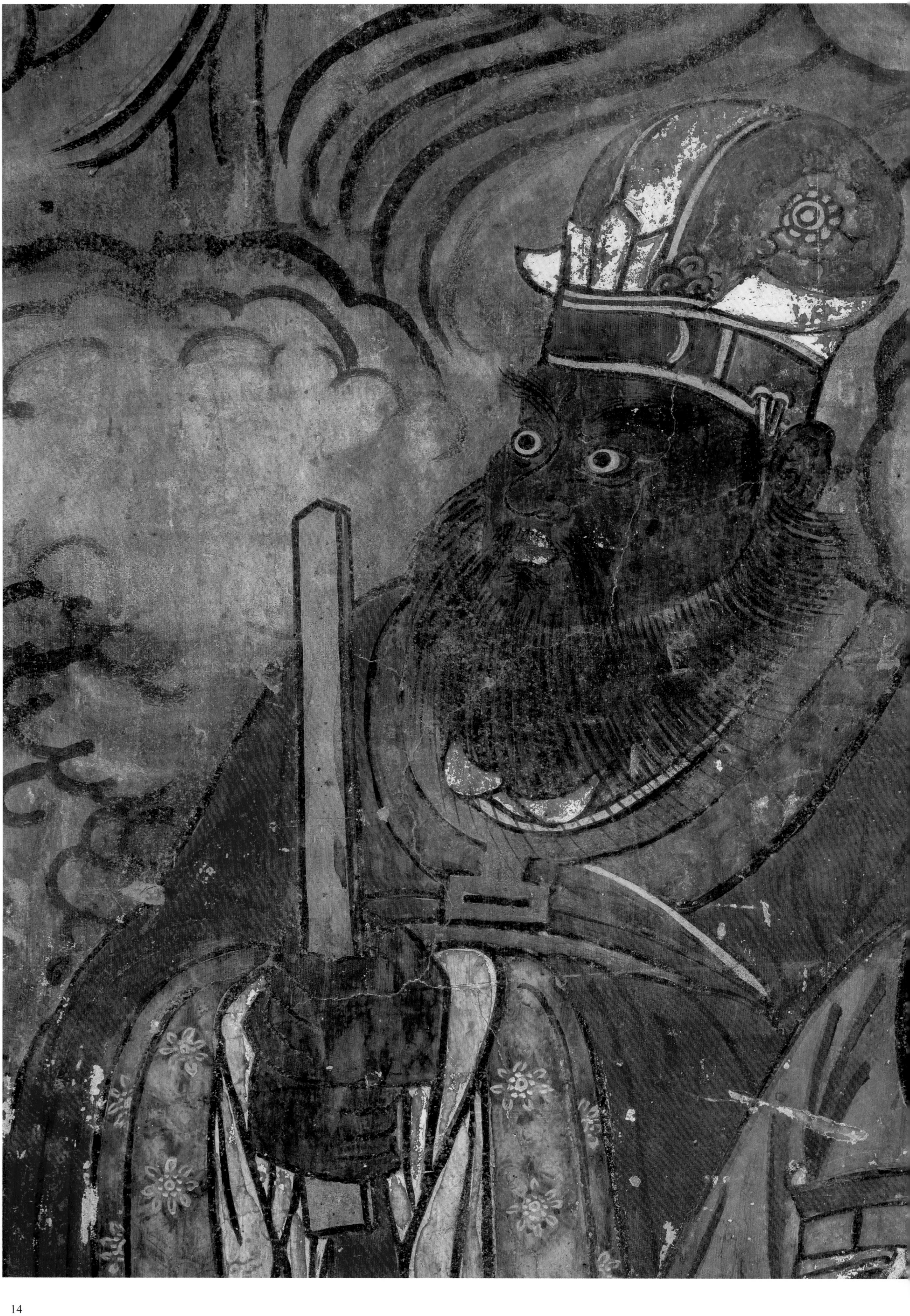

明应王殿东壁南侧神祇头部特写

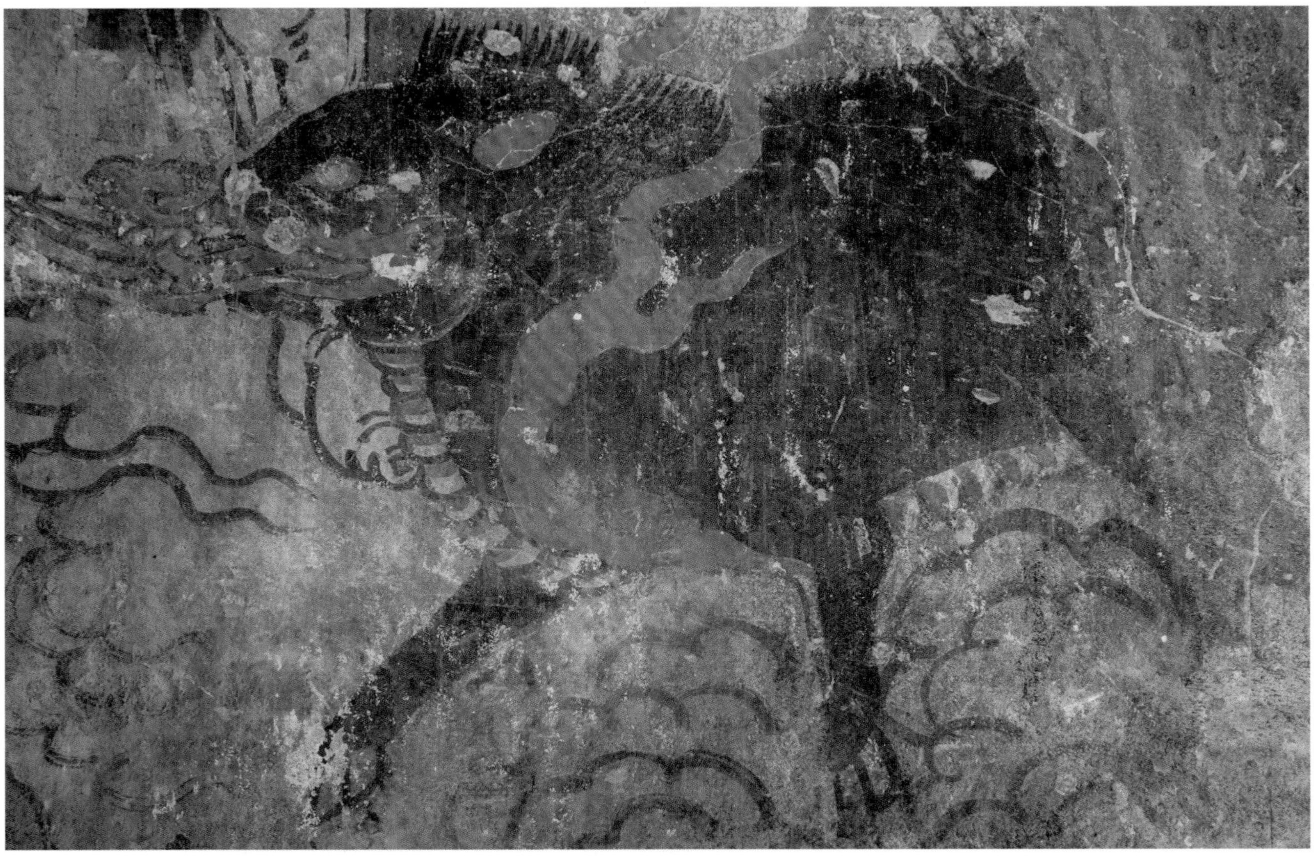

明应王殿东壁南侧坐骑麒麟

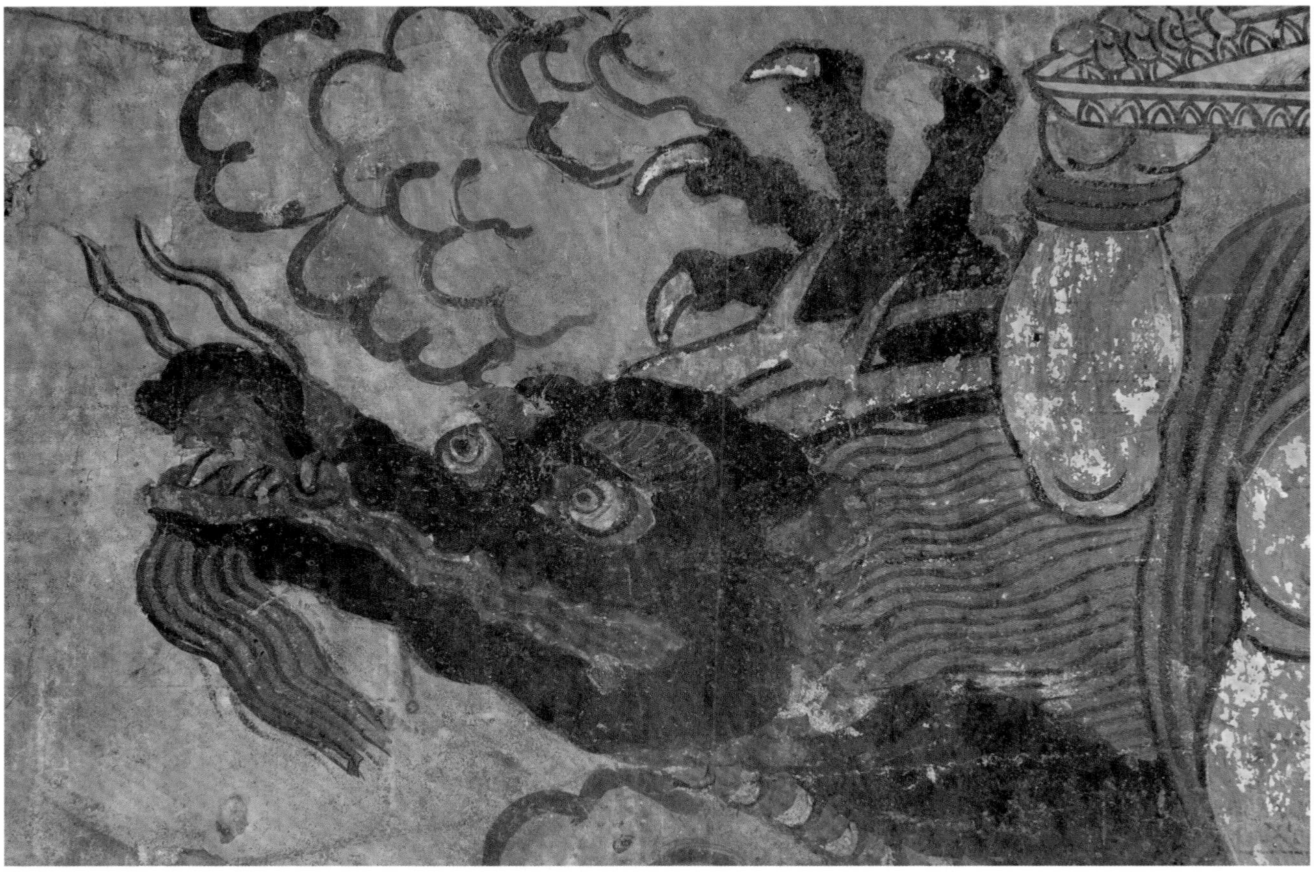

明应王殿东壁南侧坐骑龙

明应王殿东壁南侧侏儒力士

明应王殿东壁北次间《园林梳妆图》

明应王殿西壁明应王及其眷属

明应王殿西壁南侧武士

明应王殿西壁南侧武士

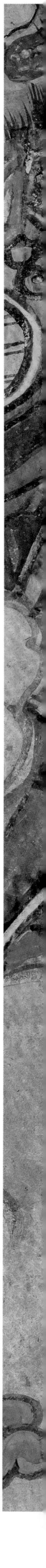

明应王殿西壁南侧武士

明应王殿西壁北端《对弈图》

明应王殿西壁北侧《捶丸图》

明应王殿西壁南侧朝拜明应王诸神祇

明应王殿西壁南侧神祇

明应王殿南壁东次间《杂剧图》

明应王殿北壁东次间《尚食图》

明应王殿北壁西次间《尚宝图》

明应王殿北壁东次间《尚食图》侍女

明应王殿北壁东次间《尚食图》侍女

明应王殿北壁东次间《尚食图》侍女

明应王殿北壁西次间《尚宝图》侍女

明应王殿北壁西次间《尚宝图》侍女

责任编辑：王嘉文　张　磊
装帧设计：杭州大视角文化传播有限公司
责任校对：朱晓波
责任印制：汪立峰
摄　　影：薛华克　欧阳君　张卫兵　张晓磊
撰　　稿：李玲玉

图书在版编目（CIP）数据

洪洞水神庙壁画 / 杨平主编. -- 杭州 : 浙江摄影出版社，2023.1（2023.8重印）
（典藏中国. 中国古代壁画精粹）
ISBN 978-7-5514-4104-9

Ⅰ. ①洪… Ⅱ. ①杨… Ⅲ. ①寺庙壁画－洪洞县－元代－图集 Ⅳ. ①K879.412

中国版本图书馆CIP数据核字(2022)第159078号

典藏中国·中国古代壁画精粹
HONGTONG SHUISHENMIAO BIHUA
洪洞水神庙壁画
杨平　主编

全国百佳图书出版单位
浙江摄影出版社出版发行
地址：杭州市体育场路347号
邮编：310006
电话：0571-85151082
网址：www.photo.zjcb.com
制版：杭州大视角文化传播有限公司
印刷：杭州捷派印务有限公司
开本：787mm × 1092mm 1/8
印张：5.5
2023年1月第1版　2023年8月第2次印刷
ISBN 978-7-5514-4104-9
定价：68.00元